Laternen für Jungs

Wenn der November kommt, dann freuen sich alle Kinder auf den Sankt Martins-Tag. Dies ist die Zeit der alljährlichen Laternenumzüge, bei denen man sich an den wippenden Lichtern allerorten erfreut und mit lauten Gesängen warm hält. Versüßen Sie Ihren Kindern die Wartezeit darauf, indem Sie kreativ werden und gemeinsam eine individuelle Laterne basteln.

Und weil Jungs z. B. auf gruselige, abenteuerliche oder sportliche Motive stehen, finden Sie in diesem Buch viele tolle Laternen speziell für Boys. Da fällt die Auswahl natürlich besonders schwer. Aber wer sagt denn, dass man jedes Jahr nur eine Laterne machen darf und dass Laternen nur im Herbst benutzt werden sollen?

Bringen Sie die Laterne und damit Kinderaugen zum Leuchten!

Ihre

Die Motive lassen sich in folgende Schwierigkeitsgrade unterteilen:
● ○ ○ einfach ● ● ○ etwas schwieriger ● ● ● anspruchsvoll

GRUND-AUSSTATTUNG
Folgende Materialien und Werkzeuge werden für die meisten im Buch gezeigten Modelle benötigt. Sie werden in den einzelnen Materiallisten nicht mehr gesondert aufgeführt:

- Transparentpapier
- Pappe (für Schablonen)
- Bleistift
- Radiergummi
- Cutter mit Schneideunterlage
- Lineal
- Zirkel
- Schere
- Nagelschere
- Zackenschere
- wasserfester Filzstift in Schwarz
- Lackstift, Plusterfarbe oder Windowcolor-Konturenfarbe in Weiß
- Buntstift in Rot
- Pinsel
- Serviettenkleber
- Heißkleber
- Alleskleber
- Zange (zum Biegen der Laternendrähte)
- batteriebetriebene Laternenstäbe oder Kerzen mit entsprechender Halterung

Hinweise: Als „Rest" wird immer ein Stück bezeichnet, das kleiner als A5 ist.

So wird's gemacht

Motiv-Laternen

1 Transparent- oder Butterbrotpapier auf die Vorlage legen und die Konturen mit Bleistift übertragen. Anschließend das Transparentpapier auf ein Stück Pappe kleben und ausschneiden. Die fertige Schablone auf das gewünschte Material legen und die Umrisse mit einem Bleistift umfahren. Anschließend sorgfältig entlang der Linien ausschneiden. Für gerade Schnitte empfiehlt es sich, einen Cutter auf geeigneter Schneideunterlage zu benutzen. Abgerundete Formen mit einer kleinen Nagelschere zurechtschneiden.

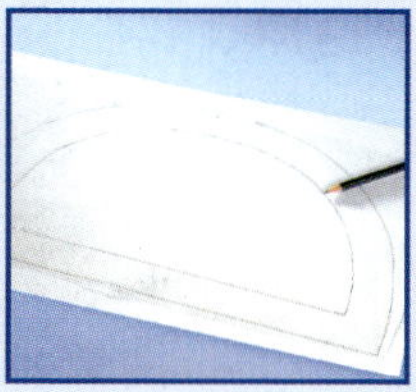

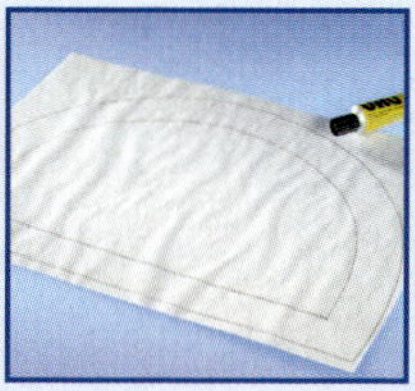

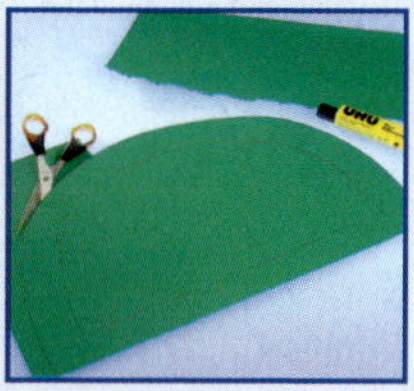

Wichtig: Die durchsichtigen Motivteile (aus Windradfolie oder Transparentpapier) immer ein wenig größer (ca. 5 mm) als den Motivausschnitt zuschneiden.

2 Die Einzelteile bemalen und zusammenkleben. Die Gesichter mit einem wasserfesten, schwarzen Filzstift aufmalen. Für die Pupillen Lackstift, Plusterfarbe oder Windowcolor in Weiß verwenden. Zum Röten der Wangen mit einem Cutter Späne von einem roten Buntstift abschaben, mit dem Finger aufnehmen und auf das Gesicht reiben.

3 Das Mittelteil der Laterne mit einem Cutter gemäß der Angaben ausschneiden. Ca. 7 mm von beiden Rändern entfernt mit dem Cutter einen Randstreifen leicht einritzen. Auf diesem anschließend Zacken bis zur Linie einschneiden und umknicken. Nun Stück für Stück zurechtbiegen und mit Heißkleber zwischen die Seitenteile kleben.

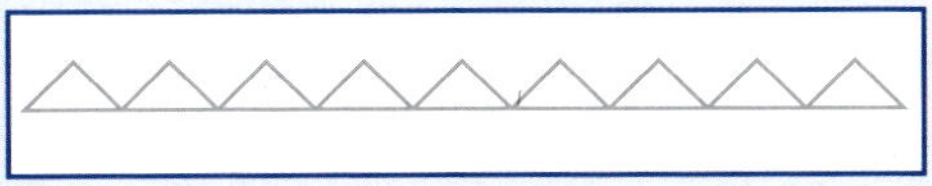

4 Vor dem Anbringen des Laternenbügels die Laterne zwischen den Fingern ausbalancieren. Das Mittelteil der Laterne oben auf beiden Seiten mit dem Cutter oder Zirkel durchstechen, Laternenbügel durchziehen und die Enden an den Innenseiten umknicken. Bei einigen Laternen ist die Aufhängung aus Papierdraht, da die Laternen sehr breit sind. Diesen in die gestochenen Löcher stecken und die Enden verdrehen.

5 Zur Beleuchtung der Laterne eine Kerzenhalterung mittig am Laternenboden anbringen. Hierzu mit einem Cutter kleine Schlitze in den Laternenboden stechen, Kerzenhalterung durchziehen und die Enden auf der Außenseite der Laterne umbiegen. Als sicherere Alternative die Laterne mit einem elektrischen Laternenstab beleuchten.

Hinweise: Bei einigen Laternen wurden Laternenschachteln verwendet. Diese bestehen aus einem Boden- und einem Oberteil. Um diese herum wird die Windradfolie geklebt. Zum Anbringen des Laternenbügels auf zwei gegenüberliegeden Seiten in die Mitte des Schachtelrandes mit dem Cutter ein Loch stechen.

Da bei manchen Laternen der Boden zu uneben ist, ist es empfehlenswert anstatt einer Kerze mit Halterung einen elektrischen Laternenstab zu verwenden. Außerdem schützt diese Alternative vor Brandgefahr und allzu häufig ausgehenden Lichtern! Zudem lässt sich die Laterne so auch nach dem Laternenlauf das ganze Jahr über z. B. als Nachtlicht im Kinderzimmer verwenden.

Bei vielen Laternen reicht es, wenn Sie nur eine Seite komplett gestalten. Die ohnehin kaum sichtbare Rückseite kann schlichter gearbeitet werden.

Ballon-Laternen

1 Das Seidenpapier in ca. 5 cm x 5 cm große Stücke reißen. Den aufgeblasenen Luftballon mit Kleister einstreichen. Die Seidenpapierstücke in mehreren Schichten darauf kleben. Ca. einen Tag lang trocknen lassen.

2 Den Ballon mit einer Nadel aufstechen. Die Öffnung der Laterne mit einer kleinen Schere den jeweiligen Angaben gemäß zuschneiden und die Reste des Ballons herauslösen. Dann an zwei gegenüberliegenden Stellen mit dem Cutter oder Zirkel ein Loch stechen und den Bügel oder Draht anbringen.

Wilde Tiere

→ ganz zahm

MATERIAL GIRAFFE

- Laternenschachtel, ø 15 cm
- Windradfolie, 0,2 mm stark, 51 cm x 15 cm
- Strohseide in Gelb, 51 cm x 15 cm
- Tonkarton in Hellbraun, 51 cm x 15 cm
- Tonkartonreste in Gelb und Rot
- Chenilledraht in Gelb und Hellbraun
- 2 Pompons in Braun, ø 1,5 cm
- Pompon in Gelb, ø 3,5 cm
- Kordel in Schwarz, ø 3 mm, 60 cm lang
- 4 Perlen in Schwarz, ø 1,5 cm
- 4 längliche, geriffelte Perlen in Schwarz, ø 1 cm, 2 cm lang
- Laternenbügel

TIGER

- Tonkarton in Braun, 50 cm x 70 cm
- Tonkartonstreifen in Braun, 14 cm x 53 cm (Mittelteil)
- Tonkarton in Gelb, A4
- Tonkartonrest in Rot
- Strohseide in Gelb, A3
- Windradfolie, 0,2 mm stark, A3
- Papierdraht in Natur, ø 1 mm, 24 cm lang
- Laternenbügel

VORLAGENBOGEN 1B

Giraffe

1 Die Strohseide mit Serviettenkleber auf die Windradfolie kleben, trocknen lassen und dann um die Laternenschachtel kleben. Zwei Streifen aus braunem Tonkarton (51 cm x 2,5 cm) auf einer Seite mit der Zackenschere zuschneiden. Die restlichen Tonkartonteile ausschneiden. Das Gesicht bemalen, dann alle Teile zusammenkleben und die Verzierungen auf dem roten Herz mit schwarzem Filzstift aufmalen.

2 Für den Hals ein gelbes und ein braunes, 25 cm langes Stück Chenilledraht miteinander verdrehen und von außen an die Windradfolie kleben. An das andere Ende den Kopf kleben, so dass der Hals ca. 13 cm lang ist. Für die Fühler zwei 6 cm lange Stücke hellbraunen Chenilledraht zuschneiden, an die Enden je einen braunen Pompon kleben, dann hinter dem Kopf fixieren. Für den Schwanz an einen 6 cm langen, braunen Chenilledraht einen gelben Pompon kleben und diesen gegenüber des Halses von außen auf die Windradfolie kleben.

3 Die Tonkartonstreifen um die Laterne kleben. Für die Beine die Kordel in vier Teile von je 15 cm teilen, an einem Ende verknoten und die Perlen auffädeln. In den Laternenboden rechteckig angeordnet mit einem Cutter vier Löcher im Abstand von 5 bzw. 8 cm zueinander stechen, die Kordel durchziehen und auf der Innenseite verknoten. Kerzenhalterung und Laternenbügel anbringen.

Tiger

1 Den Körper doppelt, alle anderen Teile einfach ausschneiden. Die Windradfolie zuschneiden und darauf die Strohseide mit Serviettenkleber anbringen.

2 Die Bemalung übertragen, die Ohren und Wangen rot schattieren. Den Papierdraht in vier 6 cm lange Stücke teilen, in Form biegen und als Barthaare ankleben. Darauf die Nase fixieren. Alle Tonkartonteile aufkleben, den Schwanz von hinten. Dann die Laterne zusammenfügen und den Bügel anbringen.

MATERIAL
WIKINGER

- Laternenschachtel, ø 15 cm
- Tonkarton in Dunkelbraun, 52 cm x 7 cm, und in Dunkelgrün, 2 x 52 cm x 2 cm
- Tonkartonreste in Schwarz, Silber, Hautfarbe und Weiß
- Strohseide in Rotbraun, 52 cm x 8 cm, und in Gelb, 52 cm x 12,5 cm
- 2 Klebepunkte in Schwarz, ø 7 mm
- Metallfolienrest in Silber
- Windradfolie, 0,2 mm stark, 52 cm x 20,5 cm
- Rundholzstab, ø 5 mm, 27 cm lang
- ovale Holzperle in Dunkelbraun, ca. 2 cm lang
- Acrylfarbe in Grau
- Chenilledraht in Gelb, 2 x 50 cm lang
- Laternenbügel

PIRATENSCHIFF

- Tonkarton in Braun, 50 cm x 70 cm
- Tonkarton in Braun, 14 cm x 70 cm (Mittelteil)
- Tonkarton in Blau und Weiß, A4
- Tonkartonreste in Schwarz, Rot und Gelb
- Strohseide in Braun, A3
- Windradfolie, 0,2 mm stark, A3
- Pailletten in Gold, ø 3 mm
- Papierdraht in Natur, ø 2 mm, 10 cm und 50 cm lang (Aufhängung)

VORLAGENBOGEN 1B+3A

Auf hoher See

→ abenteuerlich

Wikinger

1 Die Strohseide in beiden Farben mit Serviettenkleber auf die Folie kleben und trocknen lassen. Den Streifen aus dunkelbraunem Tonkarton als Gürtel auf den Ansatz der beiden Strohseiden kleben. Auf das Gürtelende die Punkte kleben und anschließend zusammen mit der Schnalle fixieren. Die dunkelgrünen Streifen aufkleben und die Folie um die Schachelteile kleben .

2 Alle übrigen Teile ausschneiden. Das Gesicht aufmalen, den Kopf zusammenkleben und anbringen. Schild und Speerspitze aus Metallfolie ausschneiden und mit einem Kugelschreiber von hinten die Verzierungen einprägen.

3 Den Chenilledraht mittig legen, miteinander verdrehen und als Arme ankleben. Die Speerspitze auf den grau bemalten Rundholzstab kleben, die Perle aufziehen, den Speer festkleben und die Hand darauf kleben. Den Schild zusammenfügen und fixieren. Den Laternenbügel anbringen.

Piratenschiff

1 Die Strohseide zweimal zuschneiden, die Ausschnitte für die Luken ausschneiden. Die Strohseide mit Serviettenkleber auf die Windradfolie kleben und gut trocknen lassen.

2 Alle Tonkartonteile ausschneiden, zusammenfügen und bemalen. Die roten Rahmen über die Luken kleben. Papierdraht über einem Stift zu Spiralen drehen, dann hinter den Anker kleben. Das andere Ende des Drahtes auf der Rückseite des Segels befestigen. Pailletten in ein Fenster, in das andere Fenster die Kanone kleben. Dann das Mittelteil einkleben. Die Laterne am Papierdraht aufhängen.

Ritter Roland

→ mutiger Held

MATERIAL

- Tonkarton in Schwarz, 50 cm x 70 cm
- Tonkarton in Schwarz, 68 cm x 14 cm (Mittelteil)
- Tonkarton in Silber, Hautfarbe und Blau, A5
- Tonkartonreste in Gelb und Braun
- je 1 Bogen Strohseide in Weiß und Rot, A3
- Windradfolie, 0,2 mm stark, A3
- 2 Federn in Schwarz, ca. 5 cm und 10 cm lang
- 2 eckige Strasssteine in Klar, 1 cm x 1 cm
- 2 runde Strasssteine in Hellblau, ø 1,2 cm
- Laternenbügel

VORLAGENBOGEN 2A

1 Die Teile aus Tonkarton ausschneiden, zusammenfügen und bemalen. Die Windradfolie passend zuschneiden und die Strohseide darauf mit Serviettenkleber anbringen. Hierbei darauf achten, die Strohseide jeweils einmal seitenverkehrt aufzubringen.

2 Auf das Schwert die Strasssteine kleben und die Federn hinter dem Helm fixieren.

3 Die Windradfolie hinter die Ausschnitte kleben, anschließend die Tonkartonteile aufkleben. Das Mittelteil zwischen den Seitenteilen fixieren und den Laternenbügel anbringen.

Tipp: Den Schild aus Strohseide können Sie auch in den Lieblingsfarben des Kindes arbeiten. Auch die Haarfarbe des Ritters kann verändert werden.

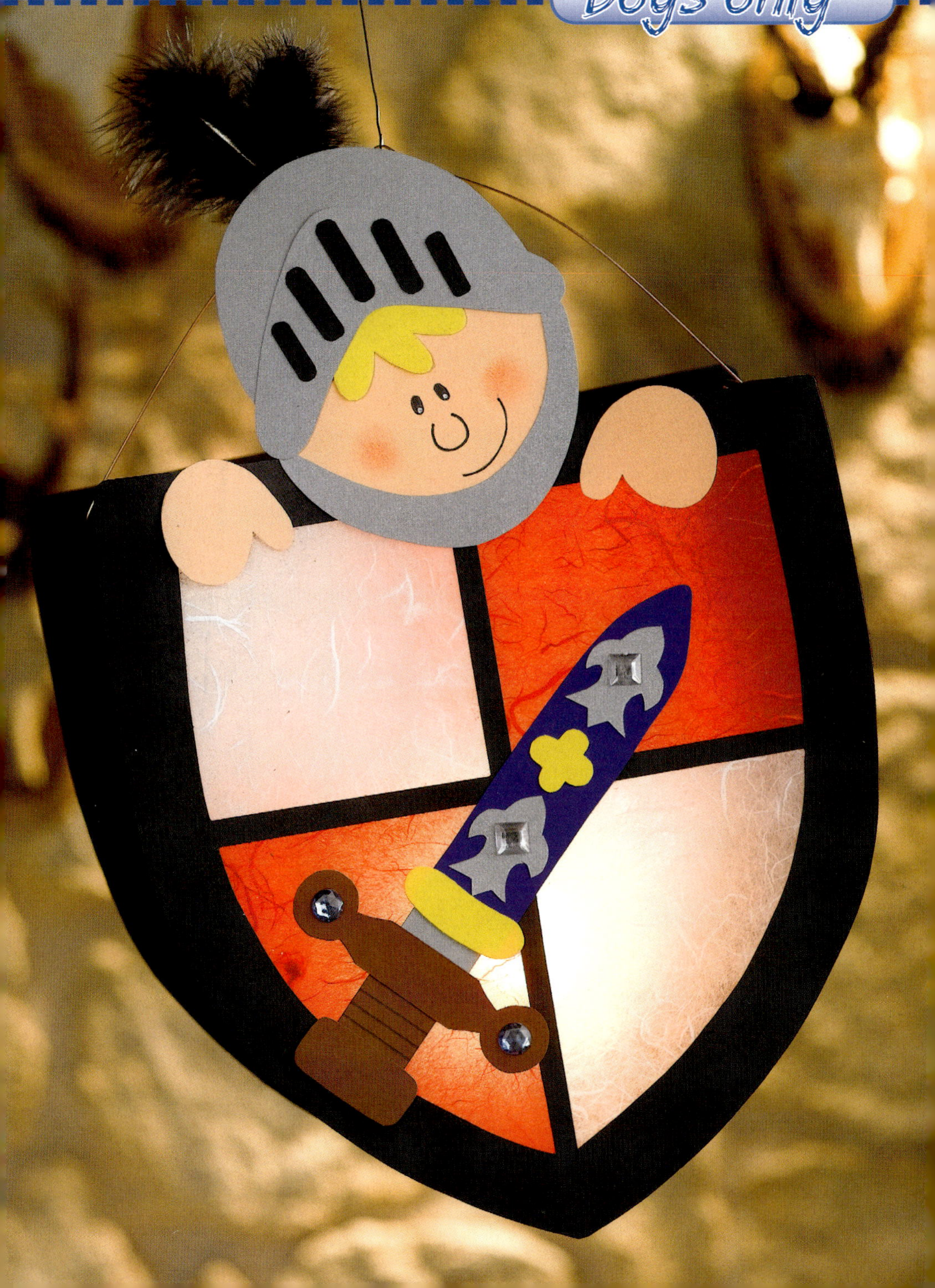

Meine rote Feuerwehr

→ immer einsatzbereit

MATERIAL

- Tonkarton in Rot, 50 cm x 70 cm
- Tonkarton in Rot, 50 cm x 14 cm (Mittelteil)
- Tonkarton in Schwarz, A4
- Tonkartonreste in Blau, Grau, Hautfarbe, Gelb und Weiß
- Strohseide in Rot, A3
- Windradfolie, 0,2 mm stark, A3
- Metallfolienrest in Silber
- Laternenbügel

VORLAGENBOGEN 2B

1 Alle Teile aus Tonkarton ausschneiden. Die Feuerwehrmänner zusammenkleben und die Gesichter aufmalen. Aus der Strohseide einen Ausschnitt in der Größe der Autoscheibe herausschneiden, dann die Strohseide mit Serviettenkleber auf der Folie anbringen, die Rückseite der Laterne hat kein Fenster.

2 Die Linien auf dem Kühlergrill mit einem Kugelschreiber in die Metallfolie drücken. Die restlichen Tonkartonteile sowie den Kühlergrill aufkleben. Zum Schluss das Mittelteil anbringen und den Laternenbügel einhängen.

Polizist

→ sorgt für Ordnung

MATERIAL

- Tonkarton in Grün, 2 x 50 cm x 70 cm
- Tonkarton in Grün, 65 cm x 14 cm (Mittelteil)
- Tonkarton in Hautfarbe, A4
- Tonkartonreste in Weiß, Rot, Grau, Braun und Schwarz
- Strohseide in Weiß, 2 x A3
- Windradfolie, 0,2 mm stark, 2 x A3
- Holzknopf in Natur, ø 2 cm
- Papierdraht in Natur, ø 1 mm, 50 cm lang

VORLAGENBOGEN 2A+3A

1 Alle Teile ausschneiden. Die Strohseide mit Serviettenkleber auf die Windradfolie kleben, nach dem Trocknen die grünen Streifen und die Tasche mit Knopf aufkleben.

2 Das Gesicht bemalen, dann den Kopf zusammenfügen. Kopf, Hände und Kelle aufkleben und die Windradfolie hinter die Ausschnitte kleben.

3 Das Mittelteil zwischen den Körperteilen anbringen. In das Mittelteil auf beiden Seiten mit dem Cutter ein Loch stechen und die Laterne mit Papierdraht aufhängen.

Hai

→ bissiger Jäger

MATERIAL

- Tonkarton in Hellgrau, 50 cm x 70 cm
- Tonkarton in Hellgrau, 70 cm x 14 cm (Mittelteil)
- Tonkartonreste in Gelb, Schwarz und Weiß
- Strohseide in Hellblau, 2 x A3
- Windradfolie, 0,2 mm stark, 2 x A3
- Windowcolor-Konturenfarbe in Schwarz
- Papierdraht in Natur, ø 1 mm, 50 cm lang

VORLAGENBOGEN 3B+4A

1 Windradfolie und Strohseide zweimal zuschneiden. Die Strohseide mit Serviettenkleber auf der Windradfolie anbringen, einmal davon spiegelverkehrt, und trocknen lassen.

2 Alle Tonkartonteile ausschneiden. Die Folien in die Ausschnitte kleben, dann die Tonkartonteile zusammenfügen und aufkleben. Die Wangen röten und den Mund mit schwarzer Konturenfarbe aufmalen.

3 Zum Schluss das Mittelteil einkleben und die Laterne an 50 cm Papierdraht aufhängen. Dazu das Mittelteil ausbalancieren und mit einem Cutter Löcher an den zwei gegenüberliegenden Seiten stechen. Den Papierdraht durchziehen und die Enden verdrehen.

Cowboy

→ ganz cool

MATERIAL

- Laternenschachtel, ø 11 cm
- Tonkarton in Mittelbraun, A3
- Tonkartonreste in Hellbraun, Hautfarbe, Dunkelblau und Gelb
- Windradfolie, 0,2 mm stark, 24 cm x 38 cm
- Strohseide in Hellbraun, 10 cm x 38 cm, und in Hellblau, 14 cm x 38 cm
- Metallprägefolienrest in Silber
- Laternenbügel

VORLAGENBOGEN 1A

1 Die Strohseide mit Serviettenkleber auf die Windradfolie kleben und trocknen lassen.

2 Alle Teile aus Tonkarton zuschneiden, der Gürtel in Mittelbraun ist 4 cm x 38 cm groß, zusammenkleben und bemalen. Auf das Halstuch mit rotem Buntstift Karos malen.

3 Für die Hose zwei Streifen aus gelbem Tonkarton (2,5 cm x 8 cm) ausschneiden, an einer Längsseite ca. 5 mm umknicken, in die überstehenden, 2 cm langen Enden 1 cm breite Fransen schneiden.

4 Den Stern aus Metallfolie ausschneiden und mit einem Kugelschreiber auf der Rückseite das Muster prägen.

5 Die getrocknete Windradfolie um die Laternenschachtel kleben. Kopf, Gürtel, Kopftuch, Fransen und den Sheriffstern aufkleben. Zuletzt den Laternenbügel anbringen.

Tipp: Der Stern sieht auch aus goldfarbener Folie gut aus.

Bauernhof

→ da ist immer was los

MATERIAL
KUH

- Tonkarton in Weiß mit schwarzen Kuhflecken, 50 cm x 70 cm
- Tonkarton in Weiß mit schwarzen Kuhflecken, 42 cm x 14 cm (Mittelteil)
- Tonkartonreste in Grau, Weiß und Rosa
- Strohseide in Lila, 2 x A4
- Windradfolie, 0,2 mm stark, 2 x A4
- 2 Rohholzkugeln, ø 2,5 cm
- Kordel in Schwarz, ø 3 mm, 2 x 18 cm lang
- Acrylfarbe in Weiß
- Garn in Gold, ø 1 mm, 10 cm lang
- Laternenbügel

TRAKTOR

- Tonkarton in Schwarz, 50 cm x 70 cm
- Tonkarton in Grau, 70 cm x 14 cm (Mittelteil)
- Tonkarton in Grau und Gelb, A4
- Tonkarton in Rot und Braun, A5
- Tonkartonreste in Hautfarbe und Blau
- Strohseide in Hellgrün, 2 x A3
- Windradfolie, 0,2 mm stark, 2 x A3
- 30 Klebepunkte in Schwarz, ø 7 mm
- Laternenbügel

VORLAGENBOGEN
2B + 4B

Kuh

1 Windradfolie und Strohseide zuschneiden, die Folie mit Strohseide bekleben und trocknen lassen. Alle restlichen Teile aus Tonkarton zuschneiden, bemalen und zusammenkleben. Die Folie hinter die Ausschnitte kleben und dann das Mittelteil anbringen.

2 In die Mitte des Mittelteils ca. 1 cm vom vorderen Rand und ca. 5,5 cm voneinander entfernt mit dem Cutter Löcher stechen, die Kordeln einziehen und auf der Innenseite verknoten. Am anderen Ende die weiß bemalten Holzkugeln aufziehen und mit einem Knoten sichern.

3 Die Glocke an das Goldgarn hängen. Mittig unter dem Kopf die Windradfolie durchstechen, das Garn durchziehen und auf der Innenseite verknoten. Den Laternenbügel anbringen.

Traktor

1 Alle Teile aus Tonkarton ausschneiden, bemalen und zusammenkleben. Die Klebepunkte auf den Reifen anbringen.

2 Die Teile aus Strohseide und Windradfolie ausschneiden, die Strohseide mit Serviettenkleber auf die Folien kleben, einmal davon seitenverkehrt, und trocknen lassen. Die Folien hinter die Ausschnitte kleben und die Tonkartonteile darauf befestigen.

3 Das Mittelteil zwischen die Seitenteile kleben und zuletzt den Laternenbügel anbringen.

Drache

→ feurig unterwegs

MATERIAL

- Lampion in Grün, ø 25 cm
- Tonkarton in Grün und Rot, A4
- Tonkartonreste in Weiß und Schwarz
- Chenilledraht, 2 x in Grün, 42 cm lang, 1 x in Rot, 24 cm lang
- 20 Klebepunkte in Rot, ø 1,2 cm

VORLAGENBOGEN 2B+4A

1 Alle Tonkartonteile ausschneiden, zusammenfügen und das Gesicht aufmalen.

2 Für den Hals 10 cm grünen Chenilledraht mittig knicken und die beiden Enden verdrehen. Links in den Lampion kleben. Zwei ca. 4 cm lange Stücke grünen Chenilledraht mittig knicken und zum Anbringen der Flügel auf Vorder- und Rückseite des Lampions kleben. Zweimal zwei rote und grüne Stücke Chenilledraht (ca. 12 cm lang) miteinander verdrehen und auf einer Seite 2 cm umknicken. Auf das andere Ende die Füße kleben und gemäß Abbildung die Chenilledrähte unten am Lampion ca. 10 cm voneinander entfernt fixieren.

3 Den Kopf auf den Hals kleben, die roten Zacken zusätzlich an den Rand der Laterne kleben. Auf der gegenüberliegenden Seite den Schwanz am Lampionrand ankleben. Die Flügel auf beiden Seiten der Laterne am Chenilledraht befestigen. Zum Schluss die roten Klebepunkte anbringen.

Geisterstunde

→ schön schaurig

MATERIAL VAMPIR

- Tonkarton in Schwarz, 2 x 50 cm x 70 cm
- Tonkarton in Schwarz, 60 cm x 14 cm (Mittelteil)
- Tonkartonreste in Hautfarbe, Gelb, Weiß und Rot
- Strohseide in Rot, 2 x A3
- Windradfolie, 0,2 mm stark, 2 x A3
- 5 Rocailles in Schwarz, ø 3 mm
- Chenilledraht in beliebiger Farbe, 26 cm lang
- Windowcolor-Konturenfarbe in Weiß
- Laternenbügel

GESPENST

- Tonkarton in Weiß, 50 cm x 70 cm
- Tonkarton in Weiß, 14 cm x 63 cm (Mittelteil)
- Tonkarton in Dunkelblau, A4
- Tonkartonreste in Rot und Gelb
- Transparentpapier in Blau/Weiß gestreift, A3
- Plusterfarbe in Gelb
- Draht, ø 0,3 mm, 2 x 10 cm lang
- Schaschlikstäbchen
- Laternenbügel

VORLAGENBOGEN 1A+4B

Vampir

1 Alle Teile zuschneiden. Das Hemd bemalen und Rocailles als Knöpfe aufkleben. Vorne mittig hinter den Ausschnitt kleben. Die Strohseide mit Serviettenkleber auf der Windradfolie befestigen und nach dem Trocknen hinter die Ausschnitte kleben.

2 Das Gesicht aufmalen und die Wangen rot schattieren. Den Kopf zusammen mit der Fliege aufkleben. Zur Stabilisierung des Kopfes zwei 13 cm lange Stücke Chenilledraht ineinander drehen und auf der Rückseite des Seitenteiles und des Kopfes anbringen. Hände aufkleben, Zähne und Ärmel mit weißer Windowcolor-Konturenfarbe aufmalen. Seitenteile und Mittelteil zusammenfügen, dann den Laternenbügel anbringen.

Gespenst

1 Alle Teile zuschneiden und das Transparentpapier hinter die Ausschnitte kleben. Die Tonkartonteile zusammenkleben und bemalen.

2 Den Draht zum Formen der Spiralen um ein Schaschlikstäbchen wickeln und wieder abziehen. Mit einem Cutter Löcher in Mond und Mützenzipfel stechen. Den Mond an den Draht hängen, an der Mütze befestigen und die Enden des Drahtes auf der Rückseite umbiegen. Die Sterne mit Plusterfarbe auf die Mütze malen. Zuletzt das Mittelteil zwischen die Seitenteile kleben, dann den Laternenbügel anbringen.

Pirat

→ auf Beutezug

MATERIAL

- Laternenschachtel, ø 15 cm
- Tonkarton in Hautfarbe, A4
- Tonkarton in Blau, A2
- Tonkartonrest in Schwarz
- Strohseide in Rot, 52 cm x 11 cm, und Weiß, 52 cm x 24 cm
- Windradfolie, 0,2 mm stark, 2 x 52 cm x 24 cm
- Chenilledraht in Rot und Blau, 2 x 50 cm lang
- Bastelfilz in Hellgrün, 30 cm x 11 cm
- Acryl-Facettenstein in Klar, 4 cm x 4 cm
- Laternenbügel

VORLAGENBOGEN 2A

1 Die weiße Strohseide mit Serviettenkleber auf der Windradfolie anbringen. Anschließend drei 52 cm x 3,5 cm große Streifen aus der roten Strohseide schneiden und im Abstand von 4,5 cm zueinander und 3 cm jeweils vom oberen und unteren Rand entfernt mit Serviettenkleber auf der Windradfolie befestigen. Nach dem Trocknen die Windradfolie um die Laternenschachteln kleben.

2 Zwei Streifen blauen Tonkarton (52 cm x 2,5 cm) an einer Seite mit der Zackenschere zuschneiden und gemäß Abbildung um die Laterne kleben.

3 Die einzelnen Tonkartonteile ausschneiden, bemalen und zusammenkleben. Das Halstuch aus Filz zurechtschneiden. Den Kopf von außen an die Laterne kleben und das Tuch umbinden.

4 Für die Arme je zwei 15 cm lange Stücke Chenilledraht in Blau und Rot bzw. für die Beine je zwei 10 cm lange Stücke miteinander verdrehen und seitlich bzw. unten an der Laterne festkleben. Hände und Füße daran festkleben. Den Facettenstein mit Heißkleber befestigen. Dann den Laternenbügel anbringen.

Rakete

→ außerirdisch

MATERIAL

- Tonkarton in Silber, 2 x 50 cm x 70 cm
- Tonkarton in Silber, 70 cm x 14 cm (Mittelteil)
- Tonkarton in Hellgrün, A4
- Tonkarton in Gelb und Rot, A5
- Transparentpapier in Dunkelblau mit Sternen, A3
- Metallfolienrest in Silber
- Papierdraht in Grün, ø 2 mm, 10 cm lang
- Schaschlikstäbchen
- Laternenbügel

VORLAGEN-BOGEN 4A

1 Die Tonkartonteile ausschneiden. Das Rechteck aus Metallfolie ausschneiden. Die Punkte von der Rückseite mit Kugelschreiber in die Metallfolie prägen. 16 Streifen Metallfolie, 10 cm x 2 mm, zuschneiden und zum Formen der Spiralen um ein Schaschlikstäbchen drehen.

2 Alle Teile gemäß Abbildung zusammenkleben und die Gesichter aufmalen, die Wangen rot schattieren. Die Marsmännchen hinter beiden Seitenteilen befestigen. Das Transparentpapier hinter die Ausschnitte kleben und die Sterne, die Raketenspitze und den Feuerstrahl aufkleben.

3 Mit einem Cutter Löcher in den Flügel und den Stern stechen. Zum Formen der Spirale den Papierdraht um einen dünnen Stift wickeln und wieder abziehen. Den Stern daran hängen und den Papierdraht an der Rakete befestigen. Die Laterne zusammenfügen und den Laternenbügel anbringen.

Tipp: **Das Motiv gefällt den Jungs bestimmt auch als Fensterdekoration.**

Fußball

→ ist unser Leben!

MATERIAL

- runder Luftballon
- Tonkarton in Grün, A4
- Tonkarton in Gelb, A5
- Tonkartonrest in Schwarz
- Seidenpapier, 4 x in Weiß und 1 x in Schwarz, A2
- Seidenpapierrest in Rot
- Kordel in Schwarz, ø 2 mm, 1,40 m lang
- Wattekugel, ø 3 cm
- Windowcolor-Konturenfarbe in Schwarz
- Tapetenkleister
- Laternenbügel

VORLAGEN-BOGEN 1A

1 Den Luftballon auf einen Durchmesser ca. 24 cm aufblasen und gut verknoten. Das weiße Seidenpapier in ca. 5 cm x 5 cm große Stücke reißen und in mehreren Schichten mit Tapetenkleister um den Ballon kleben. Mit einer Schnur aufhängen und ca. einen Tag lang gut trocknen lassen. Danach den Ballon zerstechen. Mit dem Cutter eine ovale, ca. 14 cm x 13 cm große Öffnung ausschneiden und die Ballonreste entfernen.

2 Die schwarzen Fünfecke aus Seidenpapier ausschneiden und mit Tapetenkleister gemäß Abbildung anbringen. Alle Tonkartonteile ausschneiden. Das rote Seidenpapier mit Tapetenkleister um die Wattekugel kleben und trocknen lassen. Augen und Nase auf dem Fußball anbringen, den Mund mit schwarzer Konturenfarbe aufmalen und Wangen rot schattieren.

3 Mit einem Cutter Löcher in die Schuhe stechen. Die Kordel halbieren, durch die Löcher in den Schuhen ziehen und zur Schleife binden. Die Schuhe von der Unterseite an den Fußball kleben. Zum Schluss den Laternenbügel anbringen.

Dinosaurier

Beschreibung auf Seite 32.

Dinosaurier

→ wehrhaft

MATERIAL

- Tonkarton in Türkis, 50 cm x 70 cm
- Tonkarton in Türkis, 67 cm x 14 cm (Mittelteil)
- Tonkartonreste in Lila und Grau
- Regenbogen-Buntpapier, A5
- Regenbogen-Transparentpapier, 2 x A3
- Laternenbügel

VORLAGEN-BOGEN 3B

1 Alle Teile zuschneiden, das Transparentpapier hinter die Ausschnitte im Körper kleben. Den Kopf bemalen und zusammenfügen. Die Zacken vorsichtig über eine Schere ziehen, so dass sie sich leicht wellen. Alles auf den Laternenkörper kleben.

2 Das Mittelteil zwischen die beiden Seitenteile kleben. Zum Schluss den Laternenbügel anbringen.

DIESES BUCH ENTHÄLT 4 VORLAGENBOGEN

IMPRESSUM

FOTOS: frechverlag GmbH, 70499 Stuttgart; Fotostudio Ullrich & Co., Renningen
DRUCK: frechdruck GmbH, 70499 Stuttgart

Auflage: 5. 4. 3. 2. 1.
Jahr: 2010 2009 2008 2007 2006 [Letzte Zahlen maßgebend]

ISBN 10: 3-7724-3495-9
ISBN 13: 978-3-7724-3495-2
Best.-Nr. 3495